El Gran Cañón
Maria Koran
EYEDISCOVER

Ve a **www.openlightbox.com** e ingresa el código único de este libro.

CÓDIGO DEL LIBRO

AVG48643

EYEDISCOVER te trae libros mejorados por multimedia que apoyan el aprendizaje activo.

Published by Lightbox Learning Inc.
276 5th Avenue, Suite 704 #917
New York, NY 10001
Website: www.openlightbox.com

Library of Congress Control Number: 2021950530

ISBN 978-1-7911-4397-8 (hardcover)

Printed in Guangzhou, China
1 2 3 4 5 6 7 8 9 0 25 24 23 22 21

122021
102521

English Editor: John Willis
Spanish Editor: Ana María Vidal
Designers: Mandy Christiansen
Spanish/English Translator: Translation Services USA

Lightbox Learning Inc. acknowledges Getty Images, iStock, and Shutterstock as the primary image suppliers for this title.

EYEDISCOVER proporciona contenido enriquecido, optimizado para el uso en tabletas, que complementa este libro. Los libros de EYEDISCOVER se esfuerzan por crear un aprendizaje inspirado e involucrar a las mentes jóvenes en una experiencia de aprendizaje total.

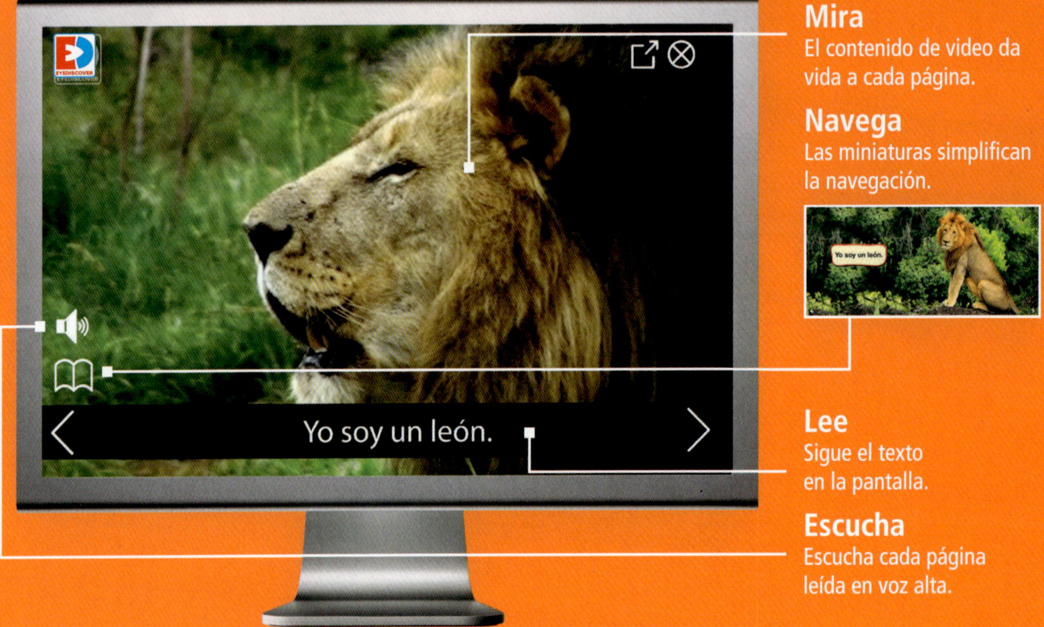

Tu EYEDISCOVER con Seguimiento de Lectura Óptico cobra vida con...

Audio
Escucha todo el libro leído en voz alta.

Video
Los videos de alta resolución convierten cada hoja en un seguimiento de lectura óptico.

OPTIMIZADO PARA

- ☑ TABLETAS
- ☑ PIZARRAS ELECTRÓNICAS
- ☑ COMPUTADORES
- ☑ ¡Y MUCHO MÁS!

Este título es parte de nuestra suscripción digital de EyeDiscover

1-año de suscripción
ISBN 978-1-4896-8346-5

Accede a todos los títulos de EyeDiscover con nuestra suscripción digital.
Regístrate para una prueba GRATUITA en www.openlightbox.com/tria

El Gran Cañón
En este libro aprenderás
• qué es
• cómo es
• dónde está
¡y mucho más!

4

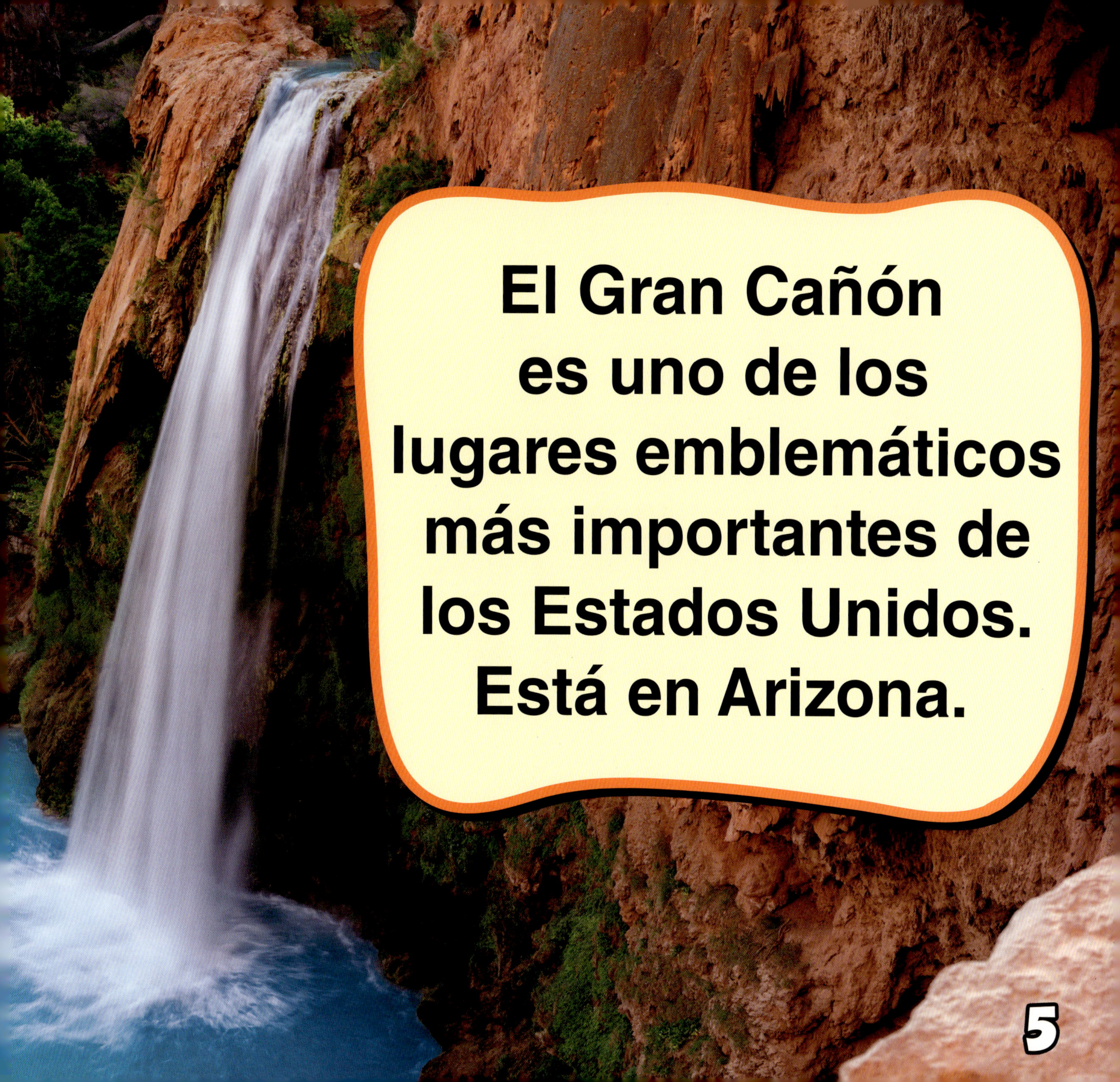

El Gran Cañón es uno de los lugares emblemáticos más importantes de los Estados Unidos. Está en Arizona.

6

Un cañón es una especie de valle muy profundo y con laderas escarpadas.

Los ríos se van llevando pedacitos de roca. Esto se llama erosión. Con los años, se puede formar un cañón.

10

El Gran Cañón se formó por el río Colorado. Tardó cerca de 6 millones de años en formarse.

Las paredes del
Gran Cañón tienen
capas. Por las capas,
los científicos saben
la edad del cañón.

14

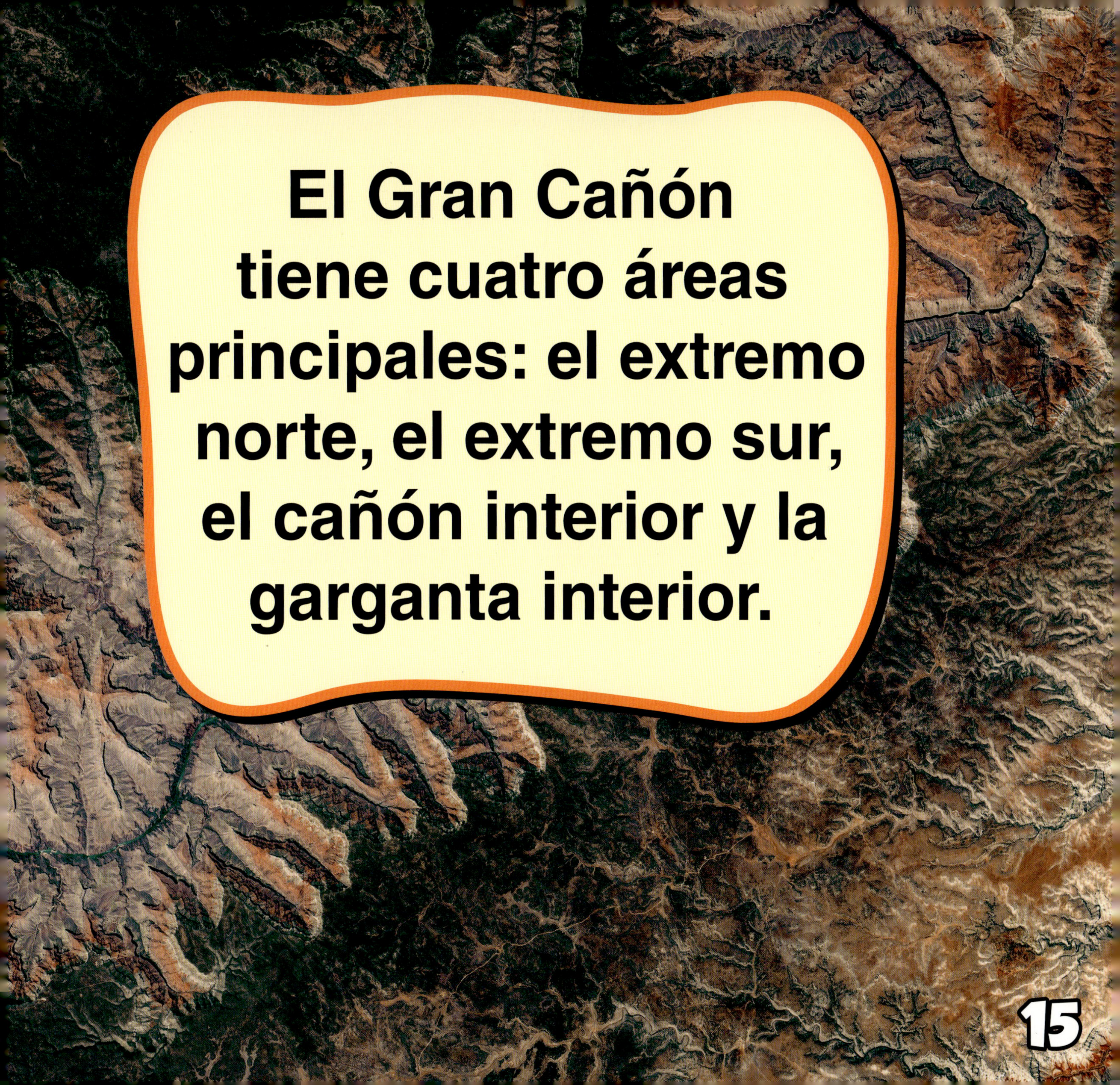

El Gran Cañón tiene cuatro áreas principales: el extremo norte, el extremo sur, el cañón interior y la garganta interior.

Estados Unidos decidió proteger al Gran Cañón creando el Parque Nacional del Gran Cañón.

GRAND CANYON
NATIONAL PARK
Grand Canyon National Park
World Heritage Site

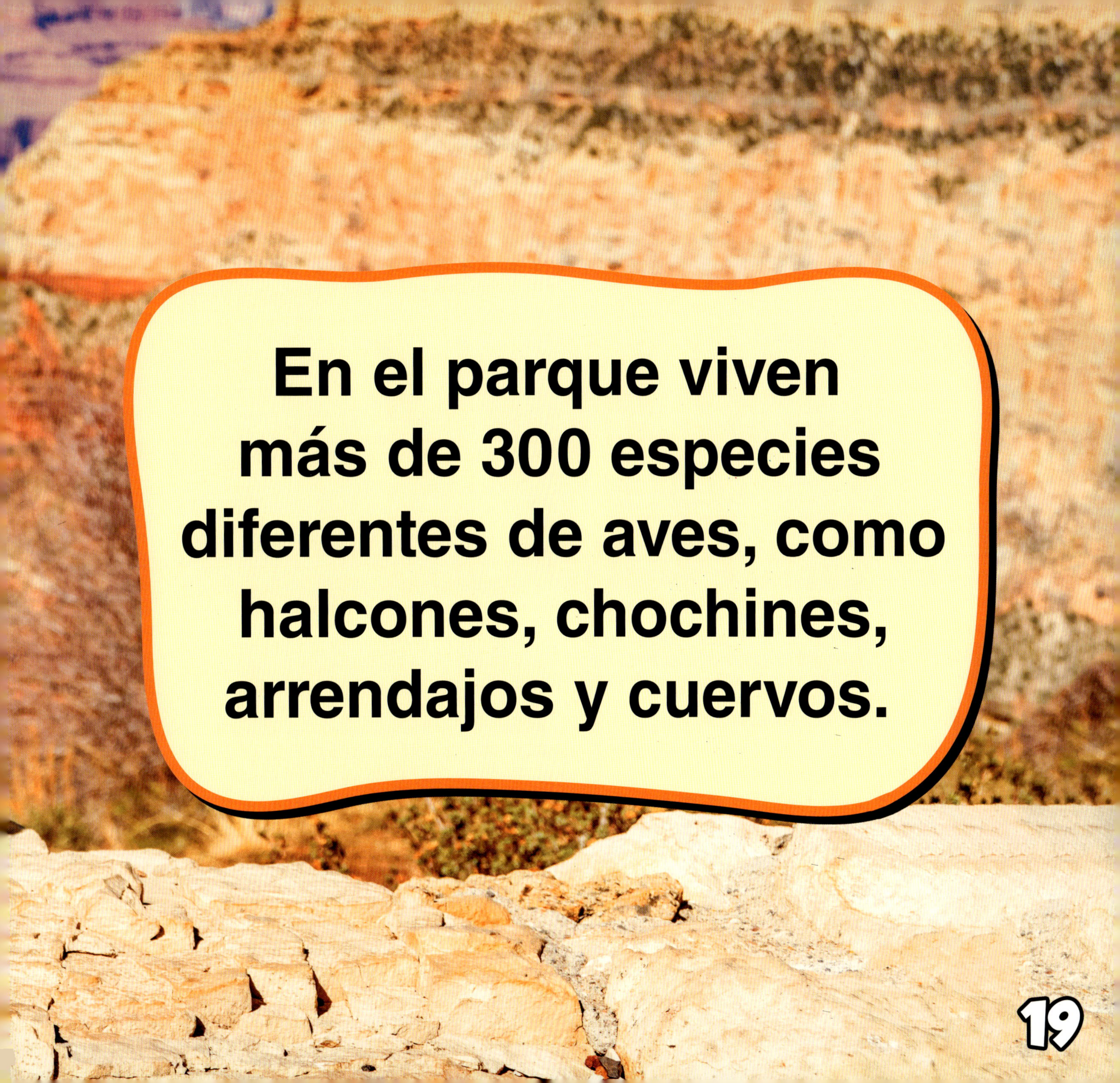

En el parque viven más de 300 especies diferentes de aves, como halcones, chochines, arrendajos y cuervos.

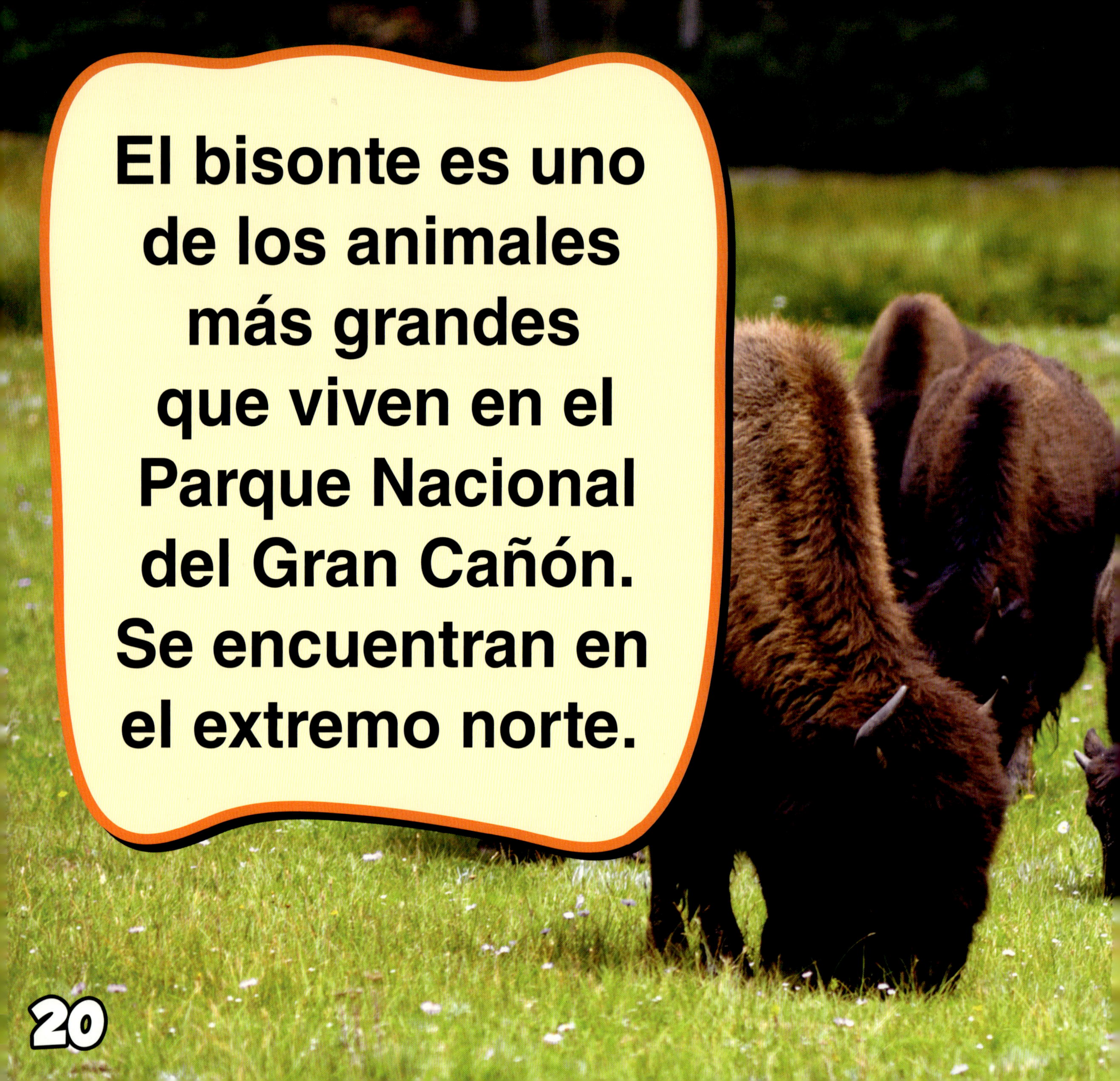

El bisonte es uno de los animales más grandes que viven en el Parque Nacional del Gran Cañón. Se encuentran en el extremo norte.

Las partes mas profundas del **Gran Cañón** están a más de **6000 pies** (1829 metros) de **profundidad**.

El Parque Nacional del Gran Cañón se creó en **1919**.

Los veranos en el **Gran Cañón** son **muy calurosos**. Las temperaturas pueden alcanzar los **105° Fahrenheit** (41° Celsius).

Casi **6 MILLONES** de personas visitan el **Gran Cañón** cada año.

Hay **6** tipos de **serpientes de cascabel** diferentes que viven en el **Gran Cañón**.

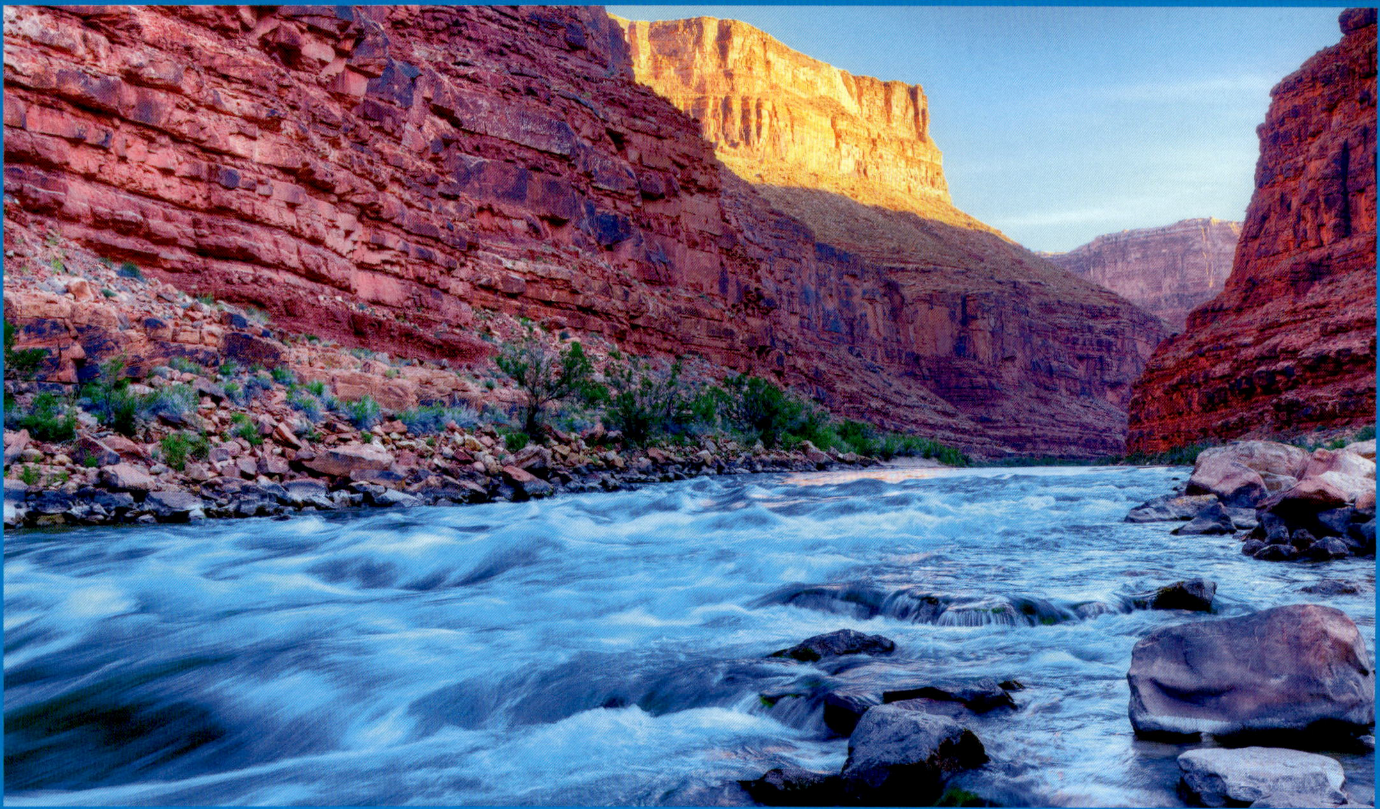

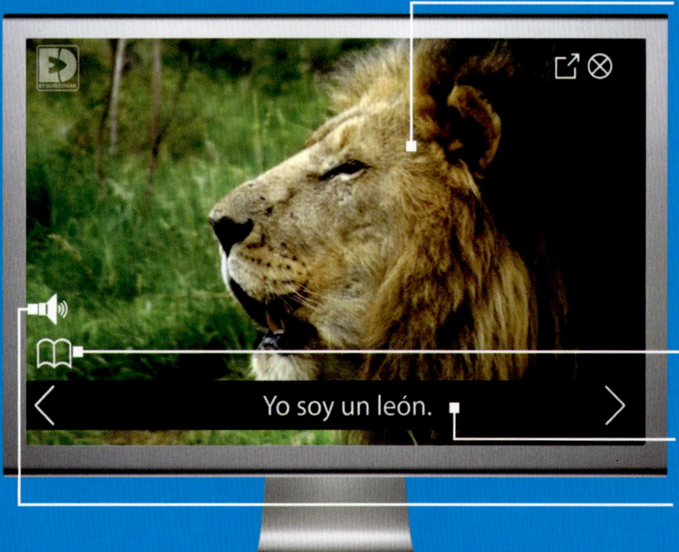

Mira
El contenido de video da vida a cada página.

Navega
Las miniaturas simplifican la navegación.

Lee
Sigue el texto en la pantalla.

Escucha
Escucha cada página leída en voz alta.

Ve a www.openlightbox.com e ingresa el código único de este libro.

CÓDIGO DEL LIBRO

AVG48643